L.b 1951.

LETTRE POLITIQUE,

OU COURTE RÉPONSE

A DE NOMBREUSES ACCUSATIONS,

Par Fabrice LABROUSSE.

« Le progrès, la plus noble des
croyances modernes. »

M. Thiers

PARIS

CHEZ GUILLAUMIN, LIBRAIRE,
RUE NEUVE-VIVIENNE.

—

1833

Imprimerie de Auguste MIE, rue Joquelet, n. 9.

LETTRE POLITIQUE,

OU COURTE RÉPONSE

A DE NOMBREUSES ACCUSATIONS.

On l'a dit avec raison, l'époque où nous vivons est une époque de transition : cela est vrai, malgré les théories contraires ; car, dans la situation où nous sommes placés, il n'y a rien de fini, par conséquent rien de stable. On a fait de très belles phrases sur les révolutions comprimées, sur les volcans éteints, sur l'hydre de l'anarchie.... Que signifie tout cela ? c'est un vocabulaire dans lequel ont puisé à deux mains tous les gouvernans ; c'est un langage sonore qui finira par s'appauvrir et qui ne manquait pas son effet dans les solennités d'avènement. Il y a quelque chose de plus réel, c'est que tout ce que nous avons vu et res senti depuis 89 doit avoir une fin plus large et plus conséquente aux principes révolutionnaires. Je suis bien persuadé que si on demandait à M. de Talleyrand ce qu'il pense devoir advenir, et ce que peuvent attendre ses protégés, cet habile faiseur de rois, pourvu qu'il ne vît pas autour de lui des témoins indiscrets, répondrait par quelque calembourg ingénieux, ou par un de ces bons mots qui lui sont aussi familiers que les sermens.

Je ne viens pas ici m'emparer d'un rôle que tant d'autres remplissent si bien, et m'essouffler, comme la mouche du coche, à travers cette polémique de tous les jours, si ardente, si animée, si prompte à saisir l'actualité. La guerre se fait sans relâche contre le pouvoir, et le pouvoir ne se lasse point de jeter des gages de combat dans notre arène politique. C'est à la *Tribune* et au *National* qu'il appartient de poursuivre cette lutte qu'ils ont entreprise avec résolution; je ne veux certes pas jeter une chétive brochure au milieu de leur arsenal si bien fourni. Ce serait, qu'on me passe l'expression, vouloir aider avec un fil le vaisseau qui s'appuie sur des câbles vigoureux.

Ce n'est pas plus sur ce terrain que je veux descendre : les places sont prises et bien occupées.

Mais ne faut-il pas enfin attaquer par d'autres voies, et par toutes les voies, grand nombre d'erreurs que nos ennemis politiques ont semées, et qu'ils voudraient bien faire assez grosses pour que nous en fussions étouffés ?

Lorsque Galilée affirma que la terre n'était pas immobile, on lui répondit par la prison : Ramus fut assassiné, en plein jour, pour avoir douté de l'infaillibilité d'Aristote; il n'est pas une vérité un peu importante qui n'ait eu ses martyrs, et je ne sais trop si le temps est passé, où celui qui s'avouait républicain, semblait écrire sur son front une espèce d'anathème.

Pourtant, je me flatte d'une espérance, c'est qu'on finira par s'accoutumer à nous à force de nous voir nous coucher, nous lever, dîner, payer notre terme, et monter en *Omnibus* comme le reste des humains.

Nest-ce pas qu'il se joue sous nos yeux une singulière comédie ? Et qui donc fait clameur de haro sur les partisans de la république ? *Scapin*, dont la république ferait un valet : *Tartufe*, qui a souillé toutes les cocardes et qui vient de se faire doctrinaire : *Turcaret*, qui nous

appelle pillards, et qui, après avoir filouté, sous l'empire, le pain de nos soldats, vole régulièrement à la bourse,
tous les jours, de midi à cinq heures !

C'est le propre des époques où la passion politique se
démène dans toute son énergie : un parti devient-il redou-
table ? à l'œuvre, Basile, calomnions ; il en restera toujours quelque chose. Et puis, les badauds se laissent vo-
lontiers épouvanter, semblables à l'enfant qui se plaît aux
lugubres récits de sa nourrice. Ah ! qu'il nous a fallu de
persévérance et de bonne volonté pour nous mettre au-
dessus de ces misères, et passer philosophiquement sous
ces fourches caudines d'imprécations et de sottises ! Nous
avons contre nous, en plus d'un endroit, des manières
de superstition qu'on ne saurait expliquer. Ce peuple de
Paris est bien étrange, et il a quelquefois bien mauvaise
grâce à se moquer de ces pauvres paysans qui croient encore aux sorciers ! N'a-t-on pas renouvelé contre nous,
des gentillesses qui laissent en arrière les contes d'ogre et
les imaginations de Mathieu Laensberg ? En vérité, j'ai
vu quelquefois le moment où nous serions obligés de
montrer nos mains pour qu'on s'assurât qu'elles n'avaient
pas forme de griffes. Il est bien évident que, pour certains
honnêtes bourgeois, toutes nos pensées sont des rêves
noirs et menaçans. Parias maudits, nous passons au milieu d'eux comme de sombres apparitions, et peu s'en
faut *qu'on ne lave le marbre où nos pas ont touché.* C'est
dommage que nous ayons conservé apparence humaine, et
que nos cheveux soient plantés sur notre tête tout natu-
rellement, et non redressés en guise de couleuvres. Cela
serait d'un effet prodigieux, et nous classerait à merveille
parmi les monstres de M. Geoffroy St.-Hilaire.

Mais, mon Dieu! quand nous fera-t-on la grâce de nous

visiter un peu, et de se hasarder dans notre logis ? Nos mères reculent-elles à notre aspect, ainsi que les mères de ty-
rans mélodramatiques ? Faisons-nous mourir nos épouses
au milieu des avortemens, et nos enfans ont-ils la lanterne
pour *pensum* ?

Mais, dit-on, vous voulez une loi agraire : vous pilleriez :
vous demanderiez des têtes : vous ressusciteriez Robespierre et Danton, et Saint-Just.....

A quoi bon tout cela, Messieurs ?.... D'abord, cette loi
agraire est une drôle de rêverie qui nous paraît fort absurde,
à partir de Caïus Gracchus. Comment ! nous prêchons travail, industrie, mouvement, et nous songerions à égaliser
si bien la propriété, que le mouvement, l'industrie, le travail mourraient du coup ? Et puisque vous invoquez si bien
et à tout propos 93 contre nous, ne vous souvient-il pas
que la Convention punissait de mort quiconque propose-
rait seulement cette loi agraire ?

Nous demanderions des têtes, et pourquoi ? Serait-ce la
vôtre, mon voisin ? Mais, le jour même où la victoire se-
sait à nous vous crieriez haut et ferme que nous ne sommes pas tellement féroces. Vous n'iriez certes pas conspirer contre cette République qui, loin de vous opprimer,
vous fournirait amplement aide et protection ; et si l'envie
de conspirer vous prenait, ce dont je doute, vous sauriez
d'avance qu'à cet égard nous ne ferions qu'user du Code
pénal.

Robespierre, Danton, Saint-Just !.... Je sais que ce sont
là des noms qu'on évoque devant vous comme des épou-
vantails. Mais le temps est passé où les obstacles libertici-
des s'amassaient devant d'inflexibles niveleurs : la dictature
qui surgirait d'une nouvelle révolution, aurait autour d'elle
moins de difficultés que n'en rencontra le comité de salut

public, et, pour arriver au but, la route serait moins ardue et plus large. D'ailleurs, songez à ceci : les historiens payés, ceux qui habillent l'histoire suivant le bon plaisir du maître, vous nourrissent d'idées qui les font rire sous cape, et de mensonges qui vous passionnent comme de bonnes vérités. Voyez-vous, le père Loriquet de Mont-Rouge n'était pas le seul habile à travestir les événemens, et tous les jésuites ne sont pas tonsurés. Les histoires qu'on vous a contées de la première révolution vous paraîtraient assez plaisantes, si vous aviez le loisir d'étudier sérieusement cette époque. Savez-vous quelles entraves on avait à briser alors ? Savez-vous que c'était chose toute nouvelle que les idées libérales, une chose qu'il fallait faire entrer dans la société à travers tous les embarras et tous les périls ? Savez-vous que l'aristocratie était encore là avec toute sa force, avec toutes ses richesses, et qu'on avait à secouer la poussière de dix siècles d'erreur et d'oppression ? Et l'Europe qui nous pressait vigoureusement, et nos provinces que les conspirateurs agitaient, et les armées qu'il fallait mettre sur pied, et les ennemis du dehors et du dedans qu'il fallait contenir et repousser , et les lois nouvelles qu'il était urgent de faire exécuter ? Pensez-vous qu'en une crise semblable, on pouvait s'amuser à de petits moyens et bavarder à la Convention comme on bavarde à la Chambre des députés ? Mais, s'il en eût été ainsi, vous seriez retombés sous la glèbe, ou peut-être eussiez-vous fait connaissance avec les procédés de la schlague et les douceurs du démembrement. — Je vous répète qu'on vous a impudemment trompés sur cette révolution, et sur des hommes dont le dévouement fut trop grand pour que nous puissions le comprendre, nous autres nains chétifs, qui regardons à perdre une journée de profit et de commerce, s'il faut à ce prix aider à la conquête d'une liberté de plus. Et puis, souvenez-vous que Bonaparte, Louis XVIII, Charles X et autres ont eu intérêt à ce qu'on ne vît pas trop clair dans ces époques où le peuple se mêlait de ses propres affaires.

Ainsi donc, vous avez accepté l'histoire telle qu'on vous l'a faite : c'est un malheur, mais enfin il faudrait du temps et un plus habile que moi pour redresser vos erreurs. Peut-être un jour, le passé vous sera-t-il mieux connu. Parlons du présent.

Vous êtes un peu revêches au raisonnement : vous vous êtes fait un cathéchisme du *Journal des Débats*, du *Journal de Paris*... Moi qui vous parle, j'aime fort le *Journal des Débats* pour ses articles littéraires : quant à sa politique, voyez-vous, je sais à quoi m'en tenir. Vous savez ce que c'est qu'une subvention qu'il faut gagner, une subvention, comme à l'opéra, par exemple, où les danseurs et les mimes sautent dans le cercle tracé par le directeur et le chorégraphe, lesquels ordonnent le ballet à leur convenance. Pour ce digne *Journal de Paris*, je vois avec peine qu'il agrandit sa sphère, et qu'il ne s'en tient plus à constater le nombre des chiens enragés qui courent les rues. Vous devriez imiter le conscrit; le conscrit le voit arriver, avec une parfaite indifférence, dans les corps-de-garde où on le jette comme un pain quotidien. Providence d'un pouvoir philanthropique !

Ce qui est encore inquiétant, c'est que l'uniforme de garde national vous a donné certaines allures raides et guindées, au moral comme au physique. Certainement, je comprends, jusqu'à un certain point, qu'un honnête père de famille s'amuse à parader sous le bonnet à poil; on peut encore, pour forcer l'illusion, se mettre un sac au dos, quitte à le garnir de foin pour qu'il ait apparence;

mais, avec tout cela, on n'est pas grognard comme un grognard d'Austerlitz : il n'est pas nécessaire de se grimer comme un soldat revenu du Caire ou de Moscou, pour défiler devant M. le maréchal Lobau ; d'autant plus que, le soir, nous vous retrouverons jouant pacifiquement votre partie de dominos, ou cueillant des lilas dans les bois de Romainville. Par malheur, avec ces enfantillages, on peut en venir à user trop fréquemment de la baïonnette, et la baïonnette est une réponse assez sauvage aux argumens qu'on pourrait vous soumettre. Que diable, Messieurs, il y a moyen de discuter sans recourir au feu de peloton !

Et puis, il nous est venu un autre fléau que le ridicule tuera, j'espère, plus sûrement que tout autre remède. L'aristocratie des vieux nobles étant tombée, les barons de l'empire étant passés de mode, on vous a régalés d'une aristocratie assez bizarrement affublée. *M. Girard*, le marchand de papiers, celui-là même que vous avez vu aux *Variétés*, dans les *Bonnes d'enfans* : *M. Lombard*, le riche droguiste : *M. Bourdeau*, le fabricant de bonnets de coton, viennent de former une sorte d'ordre de chevalerie. Leur portier, ma foi, s'étale dans sa loge avec plus de dignité que tel suisse du faubourg Saint-Germain : *madame*, qui fut invitée au dernier bal de la cour, est maintenant inabordable, et les pauvres commis ont donné à leur épine dorsale un nouveau degré de flexibilité. Vous sentez que celui qui n'a rien est un misérable capable de tout aux yeux de ces messieurs à qui rien ne manque, et qui se reposent sur leur comptoir bien garni, avec plus de hauteur que ne fait *Montmorency* sur ses antiques armoiries. A moins d'avoir des rentes, on est pour eux une sorte de vassal, et ils ont imaginé la glèbe du paupérisme sous le blason de l'opulence. O *Lesage! Turcaret* fait des ordres du jour, et madame *Jacob,* la revendeuse à la toilette, a succédé à la marquise de Pretintailles!

Ceci est un peu du domaine de la satire, comme vous voyez, et il y a là de quoi faire une excellente comédie : mais c'est peut-être moins plaisant qu'on ne le croirait au premier aspect, et ce ne sont pas des hochets complétement inoffensifs. La vieille aristocratie se faisait au moins pardonner ses prétentions par des façons assez avenantes : je me souviens d'avoir mis le pied dans plus d'un château jadis féodal, où j'étais poliment accueilli sans me faire précéder d'épithètes ronflantes; et si j'avais à me présenter chez un de vos gros banquiers, je voudrais pouvoir, en demandant si *monsieur* est visible, faire orgueilleusement sonner dans ma poche des écus retentissans. Une société est malade d'une triste maladie, lorsqu'elle en est arrivée à ce point que les catégories se font par les différences de la fortune, et que la bourse est devenue la mesure et la règle de ce qu'on peut valoir ; lorsqu'enfin on ne vous dit pas : Que valez-vous par vos talens, par vos qualités ? mais : Combien avez-vous ? — Cela pourra bien inspirer quelque émulation aux commis en nouveautés, et les stimuler à ouvrir le plus promptement possible un magasin rival à côté du magasin de leur patron; mais il faut d'autres procédés pour nous donner de bons citoyens, et faire fleurir la liberté.

Si vous voulez examiner la société, vous verrez qu'elle marche dans les routes du progrès d'un pas rapide et que rien ne saurait arrêter. La civilisation fauche sans pitié les abus de toute nature, en même temps qu'elle sème devant nous et ses bienfaits et ses prodiges. D'une main elle jette les chemins de fer à travers les montagnes aplanies,

et dompte la vapeur au gré de nos besoins et de nos plai-
sirs ; de l'autre elle renverse les préjugés qu'on voudrait
élever à la place vide des préjugés anéantis. Rien ne résiste
à son action, et maintenant surtout, l'idéologie, cette
idéologie qui tenait Bonaparte en éveil, est une puissance
qui use vite les hommes et les choses. Pensez-vous donc
que le char restera stationnaire parce que les pygmées se-
raient essoufflés à le suivre et s'efforceraient de le retenir?
faudra-t-il oublier les enseignemens du passé, les pro-
messes de l'avenir, parceque certains d'entre-nous s'en-
graissent du présent? sera-t-il enchaîné à terre l'esprit hu-
main qui vole superbe sur ses ailes agrandies? Parce qu'on
a r'habillé à neuf la charte de 1815, cette courtisane qui
se livre à tous les pouvoirs, faudra-t-il dire : Merci , nous
sommes heureux et satisfaits à toujours ? faudra-t-il pro-
clamer que tout est parfait, et qu'il n'y a rien au-delà de
ce qui est, parce que, après les vanités qui sont mortes, on
a dressé des vanités nouvelles, et retourné la veste d'Arle-
quin ? faudra-t-il que je me pâme d'aise sur le bonheur
et la gloire de la France, parce que mon voisin est mem-
bre de la Légion-d'honneur pour avoir, de sa fenêtre, crié
malheur à l'émeute, et qu'il va, les jours de réception, dé-
poser son parapluie à la place où naguère il y avait embarras de rois vaincus et humiliés ? allez ! tout cela ne
vaudrait pas d'être souffleté d'un seul vers de Juvénal :
c'est bon tout au plus à grossir le musée grotesque de
Callut !

Quand, plus tard, on lira notre histoire, l'histoire de
ce temps, on sera fort embarrassé pour expliquer les ano-
malies et les singularités dont nous sommes témoins. Le
tiers-état, que la crise de 89 fit quelque chose de rien qu'il
était, veut maintenant hériter de la morgue nobiliaire que

Mirabeau foudroya dans l'assemblée du jeu de paume Ainsi donc les erreurs et les prétentions ne feraient que changer de nom, et nous tournerions dans un cercle infini d'absurdités incurables? Pour représenter allégoriquement la France d'autrefois et la France d'aujourd'hui, il suffirait donc de peindre à côté des bastilles écroûlées, des ballots de marchandises avec des calicots en sautoir, et là-dessus écrire : Bornes infranchissables du progrès !..... Tout est consommé et tout est bien !... Pour ma part, Messieurs, vous me feriez, en vérité, regretter l'orgueil et la fierté de nos seigneurs dépossédés.

Lorsque vous dites, ou plutôt lorsqu'on vous dit que nos mœurs ne sont nullement républicaines, ce serait, je l'avoue, une objection qui aurait sa force et sa valeur, si par ce mot *république*, nous entendions une théorie en souvenir de Rome et de Lycurgue. Ainsi donc vous pensez que vous seriez condamnés sans pitié au brouet noir des Spartiates ou aux raves de Manius-Curius ? Vous vous effrayez à tort, car il est possible de se donner une constitution et des lois meilleures que ce que nous avons, sans pour cela, supprimer les comestibles de *Chevet* et le restaurant des *Frères Provençeaux*. Nous ne voyons pas la nécessité de manger du pain noir, lorsque le pain blanc est à bon marché, et je vous pardonne la calèche, si vous avez de quoi acheter des chevaux. Ce n'est pas pour en venir à changer tout cela, ce n'est pas comme conséquence de nos mœurs actuelles que nous appelons la république ; c'est comme moyen d'arriver à autre chose dans nos institutions, à autre chose qui soit en harmonie avec les lumières du siècle, avec les idées que nos pères et les leçons du temps nous ont transmises à travers des révolutions avortées. Or, les révolutions ne se forment pas et n'abdiquent point, par suite d'une espèce de compromis, avec ceux qui jouent à un jeu de couronnes et qui renversent pour usurper à leur tour ; elles font halte quelquefois, mais elles reprennent leur course avec énergie; semblables au destin, elles vont au but, infatigables et inflexibles. D'ailleurs, ainsi que l'a dit Victor Hugo : « La vérité et la liberté ont cela d'excellent, que tout ce qu'on fait pour elles et contre elles, les sert également. »

Voilà quelques-unes de ces erreurs qu'on a semées à notre encontre : voilà, dans ce vaste catalogue de griefs et d'accusations, ce qu'on répète avec le plus de prédilection et de persévérance, et ce qu'on pourrait combattre aisément, si les erreurs les plus grossières n'étaient pas quelquefois les plus difficiles à déraciner. Souvent, dans cette lutte incessante, l'indignation ne se contient qu'avec peine, et la colère est prête à faire explosion : mais enfin, le mépris et la pitié viennent en aide, et l'on passe. Si l'on m'accusait d'avoir volé les tours de Notre-Dame, disait un magistrat, je commencerais par prendre la fuite. Il ne faut pas fuir, mais prouver l'absurdité de l'inculpation. Tôt ou tard on renoncera à calomnier ceux que la calomnie n'aura pu lasser ou faire dévier : la haine des partis contraires est ardente, l'aveuglement épais : persistez et vous resterez vainqueurs. Le courage civil est chose plus rare et plus belle que le courage qui fait seulement affronter le canon, et il faut des convictions bien profondes et bien généreuses pour supporter des attaques toujours renaissantes. C'est en France seulement, et dans les rangs hostiles, qu'on s'obstine à nier le stoïcisme républicain. Ce n'est pas sans intérêt et sans admiration que l'Europe suit de l'œil la marche de cette opinion dont les sectateurs passent inébranlables à travers toutes les épreuves, et acceptent sans hésitsr une vie de persécutions tenaces et de continuelles tracasseries. Est-ce donc pour de vaines rêveries, que des hommes de cœur se jettent ainsi dans une existence toute d'abnégation, et se voient censurer par des fats en corset, par d'incurables ignorans, par des sycophantes couchés à plat-ventre devant tous les maîtres !

A considérer la situation actuelle de l'opinion républicaine parmi nous, il y a plus que des espérances à concevoir. Bonaparte et Châteaubriand, dont le génie avait une toute autre portée de vues que le génie des publicistes du juste - milieu, ont prouvé et affirmé que le gouvernement républicain prévaudrait en Europe. Les temps prédits sont moins éloignés qu'on ne pourrait le croire, car notre cause est servie par ses ennemis autant que par ses propres défenseurs. D'ailleurs, à mesure qu'on s'éclaire, on nous comprend mieux, et le moment approche où l'on se souviendra avec quelque surprise des jugemens portés sur nous. Au reste, de quoi nous plaignons-nous ? quel est le système politique ou religieux qui n'ait commencé par la persécution ? Ceux qui ont fini par dominer et par durer, ont été d'abord les plus maltraités.

Maintenant je reviens à ce titre que j'ai mis en tête de cette lettre : *Du Progrès des Opinions républicaines.* Oui, certes, il y a progrès, et nos ennemis ne sauraient le nier. C'était naguère chose assez extraordinaire qu'un homme s'avouant républicain. Ceux qui étaient les moins exaspérés se contentaient de ne pas le croire sur parole; les autres se voilaient la face en présence du blasphémateur, comme ferait un roi en présence d'un budget trop maigre. Nous nous sommes portés en avant au grand scandale des simples et aux cris de fureur des Pharisiens. Hier encore, pour ainsi dire, une seule ligne écrite selon nos principes eût ameuté Jérusalem; aujourd'hui nos amis vont s'expliquer jusque dans le sanctuaire, et rendre témoignage devant les sages du prétoire du Palais-Bourbon. Caïphe n'a pas déchiré sa robe, et Pilate ne s'est pas lavé les mains.... Mais, quoi qu'on en dise, la guerre qu'on nous fait prouve assez qu'on ne nous dédaigne pas pour cause d'impuissance.

Et pourquoi donc, maintenant qu'on s'est un peu accoutumé à nous regarder, serait-on tellement surpris de nous entendre prêcher qu'il faut autre chose que ce qui est, et au peuple et à la société? Pauvre peuple et pauvre société! Eh quoi! Vos constitutions sans pudeur sont des codes tout en faveur de celui qui régorge, tout oppressifs de celui qui pâtit! Vous épargnez le luxe effréné pour pressurer l'indigence : vos impôts et vos gabelles tombent à côté des jouissances raffinées du millionnaire; ils frappent et réduisent ce qui apaise la faim du pauvre. Pas une seule de vos lois ne vient encourager le citoyen sans revenus : toute une vie de belles et bonnes actions, de vertus et de services, ne vaut pas, à vos yeux, les patentes d'un électeur. Toutes nos aristocraties de nobles, de gros bourgeois, se sont abreuvées de priviléges et de monopoles. Rien ne descendra-t-il à la démocratie? Faudra-t-il voir durer éternellement cet ilotisme de la pauvreté, sans pour cela que vous perdiez rien de vos fortunes qu'on ne songe pas à vous ravir? Ne faut-il pas enfin donner quelques droits politiques aux classes inférieures, toujours prêtes à se sacrifier pour la liberté, toujours frustrées des bénéfices de la victoire, toujours courbées sous le travail, et jamais relevées de l'interdit jeté sur elles? Eh! qui pourrait dire tout ce qu'on a droit de réclamer, tout ce qu'on a dû espérer, tout ce qui manque, tout ce que le temps amènera? La nécessité d'une situation meilleure se fait sentir impérieusement; il y a mensonge à prétendre que vous y pourvoirez : vous ne le pouvez, ni ne le voulez. Au lieu de songer à guérir la plaie, vous l'avez étendue.

Arrêtons-nous : il y a un livre à faire sur ce mouvement d'opinions contraires qui se débattent sous nos yeux. Mais, ce n'est pas seulement par des livres épais ou par de maigres brochures que les Républicains doivent répondre à leurs adversaires. *Faisons bien*, et suivons notre chemin. Union et persévérance! Anathème à qui viendrait jeter le trouble dans le camp de ses frères! Surtout, ainsi qu'il est dit quelque part : « Enfans ! ne vous endormez pas, mais veillez : l'ennemi regarde, il faut vous montrer à lui sans reproches comme sans peur!